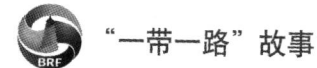 "一带一路"故事

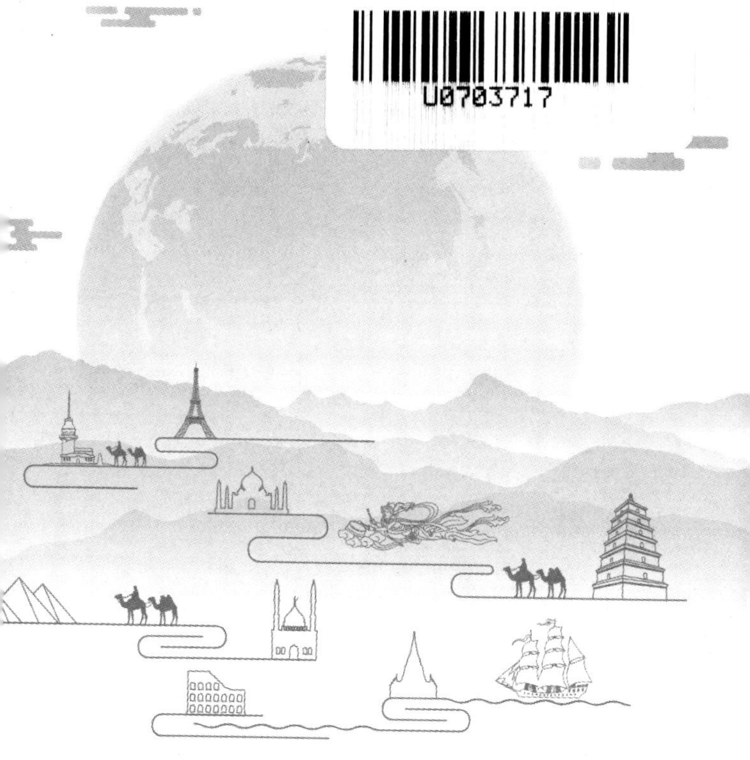

资金融通
助力经济融合

刘伟 主编

导言

当前的全球化正面临深刻的变化，世界各国迫切需要加大合作的力度，这也就是为什么世界上大多数国家都欢迎中国提出的"一带一路"倡议。该倡议提出了一个伟大的目标，就是把亚欧大陆、甚至是整个世界都连接起来，形成一个巨大的市场，实现共同发展和共同富裕。

同时，"一带一路"倡议也带来了达万亿美元的投资需求。金融是现代经济的心脏，必须建立高效的多层次金融体系，才能为"一带一路"建设提供充足的资金需求。目前的国际金融体系是在布雷顿森林体系崩溃后逐渐形成的，随着2008年金融危机的爆发，其存在的弊端也越来越明显，无法满足"一带一路"建设的需求。

因此，为了弥补这一短板，在中国的主导下，亚投行、丝路基金等金融机构相继成立。区域内各国政府的金融合作也在逐渐加强，货币互换和资本市场的合作以及金融基础设施水平逐渐提高；同时，为了提高整个区域的抗风险能力，降低金融风险，各国的金融监管合作也在如火如荼地进行。

随着区域内金融合作的日益深入,这颗当代经济的"大心脏"正源源不断地为"一带一路"建设提供动力。

目 录

一、国际金融体系的演进与不足　　6
　　1. 国际金融体系简史
　　2. 2008 年金融危机后国际金融体系
　　　　暴露出的不足

二、"一带一路"的货币与金融市场合作　　14
　　1. 区域货币互换网络
　　2. 资本市场合作
　　3. 提高金融基础设施水平

三、政策性与开发性金融合作　　24
　　1. 政策性金融机构的作用
　　2. 建立新的开发性金融机构

四、金融监管合作　　32

国际金融体系的
演进与不足

1. 国际金融体系简史

国际金融体系的发展与跨国贸易、跨国资本流动的发展相伴随。虽然从很早的时候开始，东西方之间就存在贸易联系，但是在地理大发现与新航路开辟使得贸易路线更为丰富、各国的分工与贸易往来更加深化之后，国际货币金融体系才逐渐开始形成。

最初，各国在国际贸易中使用金、银作为支付手段，故而当时的体系被称为金银复本位制，各国规定本国货币与金、银可按某一固定比率相互兑换。这样一来，金银间的比价关系实质上也被官方地固定下来。19世纪50年代，美洲、澳洲新发现的大量黄金输入欧洲市场，黄金不再像过去那样稀缺，相对于白银而言，其实际价值有所下降。实际价值比法定比价高的白银被贮藏起来，退出流通。

19世纪70年代中后期，英国、法国、美国等国先后立法禁止白银自由铸币，国际货币体系过渡到金本位制，一直持续到1914年第一次世界大战爆发之前。这一体系下，每个国家确定其本国货币的含金量，并承诺不断按这一比价买卖任何数量的黄金，同时黄金可以自由地进出口。由于各国货币的含金量被固定下来，汇率也就被固定下来。实际情况中，金本位时期，主要国家之间的汇率确实相对稳定，为国际贸易与国际投资提供了有利的环境。金本位制下，当一国出现贸易顺差，即出口大于进口时，黄金也会发生等额的净输入，使得顺差国的价格水平提高，贸易逐渐恢复平衡。但金本位制也存在一些问题。首先，地球上的黄金供应量有限，经济增长会使全球面临通货紧缩的压力。其次，无法阻止各国政府因政治目的等放弃金本位制，比如英国在拿破仑战争期间、美国在南北战争期间都曾经停止黄金与纸币的兑换。

1914年，一战爆发后，英国、法国、德国等暂停黄金兑换，同时禁止黄金出口，古典金本位制到此终结。许多国家经历了恶性通货膨胀；同时，此起彼伏的掠夺性贬值策略使汇率疯狂波动，人们开始怀念金本位制时期的稳定状态。美国、英国分别于1919年、1925年先后恢复本币对黄金的可兑换性、解除黄金禁运措施。然而，大萧条的降临导致信心崩溃，黄金挤兑使得黄金自由兑换难以为继,各国政府不得不宣布放弃兑换,再次浮动汇率。一直到二战结束前夕,国际上没有一致的货币体系,投机行为与汇率波动损害了国际贸易与投资,新的体系亟待建立。

1944年7月,44个国家的代表们在新罕布什尔州的布雷顿森林举行会议,讨论并确定战后国际货币体系,布雷顿森林体系就此诞生,同时两个新的国际机构——国际货币基金组织(International Monetary Fund,简称IMF)和世界银行成立。该体系实际上是一种金汇兑本位制,即美国有义务保持黄金价格为每盎司35美元,并承诺在任何时候满足按此价格将美元兑换成黄金的要求。其他各国固定本国货币的美元平价,并通过外汇市场干预保证汇率在平价值±1%的区间内波动。IMF则监督各国遵循有关国际贸易和国际金融的一系列行为准则,为面临暂时国际收支困难的国家提供信用援助。在国际收支处于根本性失衡的情况下,一国可以在经IMF批准后改变本币的汇率平价。总体而言,布雷顿森林体系可看作是可调整的盯住汇率制度,意在避免两次大战期间国际贸易和国际金融一片混乱的情形再次出现。

20世纪50年代后期,随着战后重建完成,欧洲、日本的经济迅速发展,美国逐渐由顺差国转变为逆差国,不得不动用大量美元支付其国际收支逆差,特里芬难题逐渐显现——不断膨胀的美元存量使得美国的黄金储备不足以按35美元每盎司兑换所有的美元,势必引发全球对美元的信任危机,发生黄金挤兑,并最终会导致体系崩溃。1971年8月15日,美国政府宣布停止美元向黄金的兑换;1973年,欧洲、日本等国货币当局先后决定放弃布雷顿森林体系下的固定汇率,允许浮动。

1976年1月,IMF成员国在牙买加举行会议,签订牙买加协议,正式确立了现行的有管理的浮动汇率制,各国可以选择采用浮动汇率,并且允许通过外汇市场干预熨平无端的外汇市场波动。在此制度下,各国仍然需要国际储备来干预外汇市场;而美国世界第一的经济地位使得美元仍然是全球最主要的国际储备。时至今日,国际货币体系仍然延续牙买加协议,各国选择了从放弃独立法定货币、完全盯住、爬行盯住到自由浮动等不同的汇率安排。

随着国际分工与贸易的深化,跨国投融资也

在不断发展。许多跨国公司在本国之外建立生产设施，被称为外国直接投资（Foreign Direct Investment，简称FDI）。据联合国调查，全球FDI存量的增速约是全球贸易增速的两倍。另一方面，1944年布雷顿森林会议上决议成立的世界银行，其使命从促进战后重建发展演变为推进世界各国的减贫事业，向发展中国家提供低息贷款、无息贷款和赠款以支持对教育、卫生、公共管理、基础设施、金融和私营部门发展、农业以及环境和自然资源管理等诸多领域的投资。

2. 2008年金融危机后国际金融体系暴露出的不足

国际金融体系的各个部分是紧密相连和相互依存的，2008年爆发于美国、并逐渐蔓延到全球的金融危机，让人们认识到现行国际金融体系存在着缺陷和弊端，简单来说，主要包括如下方面：

首先，国际储备货币以美元为主，美元仍然面临"特里芬难题"。布雷顿森林体系终结之后，美元发行失去了黄金储备的硬约束，美元大量输出，以东亚国家为代表的出口推动型国家则积累了大量的美元储备，美元在国际储备资产中的占比长期居于高位。尽管1999年欧元的诞生打破了美元一统天下的局面，但仍未从根本上改变美元作为全球主导国际货币的地位。据国际货币基金组织最新统计，在国际储备货币中，美元的占比仍然高达63%，远高于其他储备货币的比例。

美元泛滥导致国际金融危机频繁爆发。美国宏观经济政策缺乏制度性约束是导致国际金融危机频繁爆发的重要根源。近年来，美国为促进经济发展，采取了过度宽松的货币政策，美元发行泛滥引发了全球范围内的流动性过剩，全球货币供应量被无限放大，从而使得资产泡沫越积越大，虚拟经济严重脱离实体经济，最终导致房地产泡沫的破裂引爆了金融危机，并在全球范围内迅速蔓延。

其次，以浮动汇率制度为主、多样化的国际汇率制度安排容易导致国际汇率剧烈波动。据国际货币基金组织2005年对其187个成员国的统计，已经实行浮动汇率制度的国家有86个。主要发达国家和储备货币发行国大都实行浮动汇率制度，浮动汇率制度成为当前国际货币体系中的主导的汇率制度安排。现行国际货币体系下，主要的国际货币汇率经常大起大落、变化不定，汇率体系存在众多不确定因素,加剧了外汇风险,与其相伴的是全球大宗商品的价格剧烈波动,阻碍了国际贸易与投资,发展中国家深受其害。

再次,国际收支失衡问题积重难返。在现行的国际货币体系下,主权国家可用于调节国际收支的方法较多,既包括传统的采用货币政策、财政政策和产业结构政策等经济政策调节国际收支的失衡;同时在国际金融市场不断深化的情况下,也可以较快的通过商业性的国际融资手段来获取调整国际收支的必要资源。由于国际收支的各种调节方式都不同程度存在不足,特别是IMF开展救援活动的严格条件性和国际商业性融资的短期快速流动性,在很大程度降低了主权国家调节国际收支的有效性,致使全球性国际收支失衡问题在短期内无法获得彻底的改善。国际货币体系内在缺陷是此次全球金融危机不断蔓延的一个十分重要的原因,也是近几十年来国际金融危机频发的制度性根源。

"一带一路"的货币与金融市场合作

1. 区域货币互换网络

2017年2月19日，国际货币基金组织在一份声明中表示，蒙古国获得总计约55亿美元的一揽子援助资金，其中，中国中央银行将与蒙古国中央银行续签150亿元人民币(约22亿美元)的本币互换协议，有效期至少3年。

这是中国跟蒙古国第3次货币互换，上两次分别是在2013年和2014年，金额分别是100亿人民币和150亿人民币。迄今为止，中蒙两国总共达成了350亿人民币的货币互换。可以看出来，对于2015年GDP仅为117亿美元的蒙古国来说，其对人民币的需求是很大的。根据最新统计，目前中国已经同韩国、哈萨克斯坦、埃及等共36个国家签署了58份货币互换协议，金额超过了28000亿人民币，这些国家基本上都位于"一带一路"沿线，该区域对人民币的需求快速增加。

这其中的一个重要原因，就是人们发现以美元为主导的国际货币体系的弊端越来越明显。所以，区域货币互换网络发展迅速，随着中国"一带一路"逐步落实,以人民币为中心的货币互换网络开始壮大,这对本区域内的经济和金融发展都具有深远意义。

首先,相关国家通过与中国签署货币互换协议可以直接调用这部分资金获得人民币投资,或者将此用于支付从中国的进口,此举提高了国际市场上人民币等货币的利用效率,减轻了中国

表1:双边货币结算、互换和清算概况

资金融通类别	合作领域	截至时期	成就
双边货币结算和互换	跨境贸易和投资	2016年7月30日	中国与"一带一路"沿线国家和地区经常项下跨境人民币结算金额超过2.63万亿元。
			与中国开展贸易和投资的境外国家达到192个。中国企业共在"一带一路"沿线20个国家建设50多个境外经贸合作区,累计投资超过180亿美元。
	货币合作	2016年12月31日	中国人民银行已先后与36个国家或地区的货币当局签署货币互换协议,其中22个国家和地区是"一带一路"沿线国家和地区,总额度为30325亿元(不含已失效未续签)。
		2016年12月31日	中国银行间外汇市场实现了12种货币的直接交易。
	跨境支付、结算和清算体系	2016年12月31日	人民币清算行拓展到22个,其中8个在"一带一路"沿线国家和地区。
		2016年6月7日、25日	与美联储、俄罗斯央行分别签署了在美国、俄罗斯建立人民币清算安排的合作备忘录。
		2016年11月10日	与马来西亚国家银行(马来西亚中央银行)签署了在吉隆坡建立人民币清算安排的合作备忘录。

数据来源:中国人民银行

外贸企业的资金压力;其次,人民币离岸市场的发展便利了境外人民币的使用,同时以乘数效应在境外创造人民币流动性,为贸易提供服务;第三,人民币区域内使用比例的增加,在保持区域内金融稳定方面起到积极作用,从而增强金融市场的信心,减少金融机构的"惜贷"行为,使企业更容易获得资金。人民币国际化丰富人民币的流动性,促进区域贸易的发展。

人民币国际化便利计价计算,规避使用第三方货币的风险。近年来,人民币作为贸易的计价货币越来越得到国际经贸活动的认可,其优势也越来越明显。比如:人民币国际使用的扩大,尤其是以人民币作为计价和结算货币,可以规避其他货币汇率波动的风险;中国的资产收益率保持在较高的水平,持有人民币也可以获得可观的资产增值;中国作为日益强大的经济体也为人民币提供信誉保障。因此,越来越多的境内外企业开始尝试用人民币进行贸易计价。

对内来看,不断扩大的货币互换协议规模,有利于巩固国内金融市场稳定,提高中国金融体系抵御海外金融风险的能力,尤其是抵御海外游资对人民币汇率的冲击,这对于构建稳定的金融投资环境而言,具有重要意义。在此基础上,通过货币互换的形式提高人民币在世界外汇储备中占据的份额,提高人民币在世界货币体系中的地位,加强中国在世界金融领域的话语权和分量。

此外,在"一带一路"的大背景下,通过货币互换协议,沿线国家能够获得一定量的人民币流动性,在此基础上,加强其与中国的投资、贸易关系,丰富中国同沿线国家的经贸互动渠道,有利于加快开展人民币区域性跨境结算中心的建设活动,这对"一带一路"的建设活动的开展大有裨益。通过货币互换协议的形式,进而构建货币同盟,是政府间合作的重要标志,有利于加强政府间的信任。

2. 资本市场合作

2017年1月20日,由中国金融期货交易所、上海证券交易所、深圳证券交易所、中巴投资有限责任公司、巴基斯坦哈比银行组成的联合体与巴基斯坦证券交易所股权出售委员会在卡拉奇举行巴基斯坦证券交易所股权收购协议签署仪式。根据收购协议,联合体以每股28卢比(0.27美元)的价格收购了巴基斯坦交易所40%的股权，涉及金额高达89.6亿卢比（约8500万美元），其中中国三家交易所合计持股30%。巴基斯坦财政部长伊沙克·达尔、巴基斯坦证监会主席扎法尔·哈吉兹、中国驻巴基斯坦大使孙卫东出席仪式。

这是打造"中巴经济走廊"过程中的又一标志性事件，不仅有助于巴基斯坦证券交易所和资本市场获得更快更好地发展，实际上也开启了"一带一路"区域国家资本市场合作的进程。在2016俄罗斯资本市场论坛举行期间，莫斯科交易所与中信证券、银河证券两家中国券商签署了合作谅解备忘录。沪伦通、沪新通等也开始提上日程或者探讨可行性，通过资本市场互通互联实现与各国各地区之间的金融合作，实现共赢。随着深港通的开通，会进一步促进中国金融改革，完善相关基础设施，同时也为"一带一路"建设提供助力。

除了与发展中国家进行资本领域的合作，中国还积极谋求深化与发达国家之间的交往，尤其注意发挥发达国家在资本领域的优势。2016年5月，中国在伦敦完成首起离岸人民币计价的主权债发行活动，30亿元人民币的筹资目标吸引了85亿元人民币的认购,显示出欧洲资本市场对中国资本市场旺盛的合作欲望。除了政府债之外,早在2013年9月,中海油发行7年期欧元债券,具体规模未知。2013年10月,中石化接棒,同样发行了7年期的欧元债券,金额高达5.5亿欧元,票息2.625%,进一步丰富了国内企业海外筹资的币种选择。

在推动"一带一路"建设的过程中,多种投资合作方式被提出来。诸如政府与社会资本合作(PPP)的合作运营方式,能够有效提高项目运营效率、节省建设成本;通过SPE的方式,降低投资方的投资风险,吸引更多的投资方参与进来;贸易中,通过买方信贷的方式,促进沿线国家与中国开展的进出口贸易活动扩大规模;总的来说,在"一带一路"的开发建设过程中,各国积极参与亚投行和丝路基金的建设与运营,发挥各国优势,共同投资,分担投资风险与收益,共同享受"一带一路"建设发展过程中的成果和收益。

加强国际资本市场合作。当前国际经济金融形势复杂多变,但是全球化的大趋势不会逆转。中国资本市场始终坚持市场化、法制化、国际化的改革方向,坚持服务实体经济发展的根本宗旨,主动融入"一带一路"倡议,做好金融支持和服务。充分发挥资本市场作用,促进"一带一路"建设投融资便利化,鼓励境内外金融机构在支持"一带一路"建设方面加强交流和合作;加快引进和培养一批具有国际视野和国际经验的金融人才,进一步提升中国资本市场和证券期货行业的国际影响力,为"一带一路"倡议实施提供优质的金融服务。

3. 提高金融基础设施水平

金融合作水平的提高以及需求的增加,对金融基础设施提出了更高的要求。为了满足人民币跨境支付结算的需求,2015年10月,人民币跨境支付系统(CIPS)在上海正式上线运行,为全球金融机构人民币跨境和离岸业务提供资金清算、结算等服务。同时,中国的多家银行积极配合"一带一路"的建设活动,着手与境外金融体系对接,围绕着人民币开展各项金融业务,为金融体系的完善做出积极贡献。

比如说,中国银行已经在"一带一路"沿线16个国家设立了分支机构,对接300多个境外项目，涉及投资总额超过2500亿美元，其中中行意向提供约700亿美元的信贷支持。除了直接对外投资、运营，中国银行积极服务有意向"走出去"的国内企业，为1800多个"走出去"项目提供融资金额，总额高达1300多亿美元，为"一带一路"建设中的中国企业提供充足的资金支持。

在对外开展金融服务的过程中，中国银行积极参与人民币离岸市场的建设活动，注重主要推动人民币的广泛应用，积极开展人民币相关业务：人民币贷款业务、人民币企业债发行、海外人民币账户管理、人民币清算体系建设。

政策性与开发性
金融合作

1. 政策性金融机构的作用

"一带一路"沿线国家多为发展中国家,处在工业化、城市化的起步或加速阶段。这些政府的财力比较有限,本土资本市场和金融体系的发展也相对缓慢,跨境金融合作层次较低。因此,对于大型的基础设施建设等项目,普遍存在巨大的资金缺口。为了解决资金问题,需要充分发挥政策性金融机构的引导作用;同时,通过成立新的金融机构,募集更多的资金支持。

首先,政策性金融机构能起到引导资金的作用。政策性银行都不以盈利最大化为目标,主要是在保持自身可持续发展的前提下,努力为企业参与"一带一路"建设提供质优价廉的金融服务,资金成本比较低。尤其在一些资金投入大、风险高、运作周期长,但又具有重要战略意义或社会效益的领域,政策性资金的先期投入和引导作用非常明显,发挥着"敲门砖"、"助推器"和"放大器"作用。

其次,政策性金融机构可以充分发挥其专业性。政策性银行主要目标就是贯彻落实国家的重大决策,在重大项目建设、国际产能和装备制造合作以及优化贸易结构、促进贸易平衡等方面发挥了重要作用。他们还在提供融资支持的基础上,利用自身人才、客户、网络及海外项目管理经验等方面独特优势,为企业提供战略咨询、方案设计、跨国谈判、风险评估等全方位"融智"服务,帮助企业对接市场、控制风险、提高项目成功率。

此外,政策性金融机构在反贫困方面具有特殊优势。"授人以鱼,更要授人以渔"是政策性银行的原则。政策性银行在选择项目时不单纯考虑经济效益,而是综合考虑社会效益和对经济社会发展的长远促进作用,支持了一大批民生项目,解决制约其经济发展的瓶颈问题,增强"造血"功能和自主发展能力。同时,在对外交往过程中,加强与借款国政府部门以及中国驻外使领馆的沟通协调,宣传阐释中国的文化理念以及和平发展、互惠互利、建设和谐世界的外交政策,搭建增信释疑、深化友谊、扩大合作的桥梁。

由此可见,在支持"一带一路"建设过程中,政策性金融机构通过有效的资金融通,有力带动了设施联通和贸易畅通,并推动了政策沟通

资金融通
助力经济融合

和民心相通,取得了"一通带四通"的积极效果。

到目前为止,国内政策性金融机构已经为"一带一路"发展提供了有力资金支撑。我们可以通过一组数字来说明,截至2016年6月30日,国家开发银行已建立涉及超过60个国家总量超过900个项目的"一带一路"的项目储备库,涉及交通、能源、资源等领域;中国进出口银行内有贷款余额的"一带一路"项目1000多个,项目分布于49个沿线国家,涵盖公路、铁路、港口、电力资源、管道、通信、工业园区等多个领域,新签约"一带一路"国家项目500多个。中国出口信用保险公司累计支持的国内外贸易和投资规模达2.3万亿美元,为数万家出口企业提供了出口信用保险服务,为数百个中长期项目提供了保险支持,包括高科技出口项目、大型机电产品和成套设备出口项目、大型对外工程承包项目等。

丝路基金也比较有代表性,它是中国专门用于支持"一带一路"建设成立的金融机构,旨在为"一带一路"框架内的经贸合作和双边多边互联互通提供投融资支持,由外汇储备、中国投资有限责任公司、中国进出口银行、国家开发银行共同出资，在北京注册成立，注册资本615.25亿人民币。2015年，丝路基金宣布了三笔项目投资，分别是支持中国三峡集团在巴基斯坦等南亚国家投资建设水电站等清洁能源项目、支持中国化工集团并购意大利倍耐力轮胎公司项目、参与俄罗斯亚马尔液化天然气一体化项目；2016年，签署收购俄罗斯最大的天然气加工及石化产品公司西布尔集团10%股权的交易协议；截至2016年底，丝路基金实际投资额达到约40亿美元；此外，丝路基金还出资20亿美元，设立了成立以来的首个双边合作专项基金——中哈产能合作基金，重点支持中哈产能合作及相关领域的项目投资。

2. 建立新的开发性金融机构

"一带一路"巨大的资金需求，需要多个层次的跨境金融合作，为了吸引更多资金进入，中国主导或者参与成立了多个国际开发性多边金融机构。

亚洲基础设施投资银行（以下简称"亚投行"）是一个政府间合作性质的亚洲区域多边开发机构，重点支持基础设施建设，旨在促进亚洲区域建设的互联互通化和经济一体化的进程,并且加强中国及其他亚洲国家和地区的合作。亚投行总部设在北京,于2015年12月25日成立,法定资本1000亿美元。"一带一路"的相关项目是亚投行重点的投资方向之一。亚投行于2016年6月25日批准了首批四个项目总计5.09亿美元的贷款,涉及孟加拉国、印度尼西亚、巴基斯坦和塔吉克斯坦等"一带一路"沿线国家的能源、交通和城市发展等领域。

金砖国家新开发银行是金融危机后金砖国家建立的专注于第三世界国家经济发展的开发性金融机构,侧重于基础设施投资,并计划构筑金融安全网,在下一次金融危机时,可借助资金池兑换一部分外汇应急。金砖国家新开发银行成立于2015年7月21日,总部设在上海,注册资本1000亿美元,并于2016年4月21日公布了总额为8.11亿美元的首批贷款项目,支持中国、印度、巴西和南非的绿色能源项目。截至2016年12月31日,新开发银行已批准了7个项目,总金额超过15亿美元。这些大型项目的建设,也同时带动了上下游产业的发展。

"16+1"金融控股公司于2016年11月5日在

拉脱维亚正式宣告成立，由中东欧16个国家与中国共同组建。2017年1月18日，丝路国际银行在吉布提正式开业，这是中资企业首次在非洲大陆获得银行牌照，也是吉布提首家合资银行。另外，2015年7月21日成立的金砖国家新开发银行以及中非发展基金等也正在为"一带一路"相关国家的项目提供融资支持。

亚洲金融合作协会（以下简称"亚金协"）于2016年3月25日正式发起，首批成员共38家金融机构，包括协会类、银行类、证券类、保险类、支付类机构等，分别来自亚洲、欧洲、美洲12个国家和地区。亚金协将立足亚洲，遵循区域国际性非政府组织规则运作，促进区内外金融机构信息互通，推进金融基础设施、金融业务、风险防控的合作，以提升亚洲金融机构在国际金融市场的影响力。亚金协有助于建立一个动员亚洲乃至全球金融资本参与的市场化机制，为"一带一路"基础设施建设提供制度性的支持和保障，打造亚洲地区互联互通的非政府间金融交流平台，推进中国与亚洲金融合作迈上新的台阶。

金融监管

合作

"一带一路"沿线国家的保险监管环境复杂，法律环境、社会信用环境参差不齐，监管部门要继续加强与沿线各国保险监管部门的沟通和合作，加强信息交流。中国人民银行积极参与金融稳定理事会、巴塞尔银行监管委员会等国际组织及其下设工作组的工作。继续在东亚及太平洋中央银行行长会议组织机制下加强区域经济金融监测，不断完善危机管理和处置框架。

2016年11月1日，中国反洗钱监测分析中心和澳大利亚交易报告和分析中心在北京签署了《关于反洗钱和反恐怖融资信息交流合作谅解备忘录》。这是中国反洗钱监测分析中心与境外金融情报机构签署的第41份合作文件。根据该谅解备忘录，双方将基于互惠原则在涉嫌洗钱和恐怖融资及其他相关犯罪的信息收集、研判和互协查方面开展合作。截至2016年12月31日，中国人民银行已与41个境外反洗钱机构正式签署金融情报交流合作谅解备忘录，有力地打击和预防了金融犯罪活动。

作为银行业监管部门，中国银监会就如何同

其他国家建立有效的双边监管合作机制,扩大信息共享范围,完善跨境风险应对和危机处置制度安排,以及加强日常跨境监管沟通协调,协助解决中资银行业金融机构在沿线国家开展业务中遇到的政策障碍,做出了很大努力。中国银监会已与28个"一带一路"国家的金融监管当局签署了双边监管合作谅解备忘录或合作换文。并与"一带一路"沿线国家监管当局和金融机构开展交流和培训,在进一步增加相互了解和互信等方面做了很多工作。

随着"一带一路"倡议实施的不断推进,保险机构承保的项目分布的国家越来越多,面临的风险也更加多样。这就需要中国保险机构与"一带一路"区域内国家骨干保险公司、保险监管机构加强沟通联系与务实合作,统筹信息、人员、技术等方面的共享与互通。逐步建立健全国际化的保险经营服务网络,增强中国境外保险服务规模与实力,在促进中外企业的合作上发挥独特作用,更全面的服务"一带一路"建设。中国保监会是本届亚洲保险监督官论坛轮值主席国,这为加强和改进保险监管方式和合作起到了很大作用。借助国际保险监督管协会,积极加强与"一带一路"沿线国家监管部门的沟通和联系，建立监管信息交流机制，为我企业海外投资提供更加有力的外部环境。亚洲保险监督论坛决定秘书处常设中国，以加强亚洲地区保险监管的交流合作。

2016年7月14日，中国证监会与阿布扎比全球市场金融服务监管局在北京签署《证券期货监管合作谅解备忘录》。这是在"一带一路"沿线国家签署的又一份在证券期货领域的监管协议，标志着该区域国家的合作又推进了一步。

中国证监会也非常重视同国际组织的合作。2016年11月21日，中国证监会与国际货币基金组织签署了关于开展中长期技术援助的谅解备忘录。迄今为止，中国证监会已相继同59个国家和地区的证券期货监管机构签署了65个监管合作谅解备忘录。可以说，在"一带一路"区域内已经逐步建立起高效的监管协调机制。

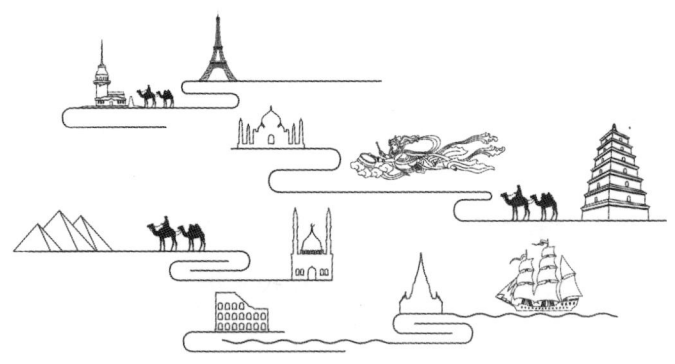

"一带一路"故事丛书编委会

主　　　编：刘　伟
主　　　任：王利明　裘国根　刘元春　郭庆旺
执 行 主 编：王　文
编　　　委：胡海滨　贾晋京　杨清清　庄雪娇
本册执笔人：卞永祖

图书在版编目（CIP）数据

"一带一路"故事. 资金融通·助力经济融合 / 刘伟主编.
— 北京：外文出版社，2017
ISBN 978-7-119-10797-4
I. ①—… II. ①刘… III. ①"一带一路" – 国际合作 – 研究 ②金融 – 国际合作 – 研究 – 中国 IV. ① F125.5 ② F832.6
中国版本图书馆 CIP 数据核字 (2017) 第 071988 号

出版策划：胡开敏
出版统筹：于　瑛
特约编辑：胡海滨
责任编辑：熊冰頔
装帧设计：北京大盟文化艺术有限公司
内文排版：北京维诺传媒文化有限公司
印刷监制：冯　浩

资金融通·助力经济融合

刘　伟　主编

©2017 外文出版社有限责任公司
出 版 人：徐　步
出版发行：外文出版社有限责任公司
地　　址：中国北京西城区百万庄大街 24 号　邮政编码：100037
网　　址：http://www.flp.com.cn　电子邮箱：flp@cipg.org.cn
电　　话：008610-68320579（总编室）
　　　　　008610-68327750（版权部）
　　　　　008610-68995852（发行部）
　　　　　008610-68996064（编辑部）
印　　刷：北京飞达印刷有限责任公司
经　　销：新华书店 / 外文书店
开　　本：880mm×1230mm 1/32
字　　数：13 千字
版　　次：2017 年 5 月第 1 版第 1 次印刷
书　　号：ISBN 978-7-119-10797-4
定　　价：28.00 元

版权所有　侵权必究　如有印装问题本社负责调换（电话：68996172）